Drinks ohne Alkohol

100 Prozent Genuss

> Autorin: **Doris Muliar** | Fotos: **Kai Mewes**

Inhalt

Die Theorie

Die Rezepte

Extra

Drinks ohne Alkohol – Aroma pur und reiner Genuss

Mindestens fünf Mal am Tag Obst oder Gemüse: Das empfehlen Mediziner. Nur Hand aufs Herz – schaffen Sie das wirklich immer? Was liegt also näher, als zwischendurch oder auch schon mal zum Frühstück einen leckeren frischen Drink mit vielen Vitaminen und Mineralstoffen zu schlürfen. Überraschen Sie Ihre Familie und Ihre Gäste mit den fruchtigen Smoothies, Shakes, Mixgetränken und Bowlen, die auch Kindern schmecken.

Vielfalt der Drinks – von Milchshake bis Bowle

Bei der Zubereitung von Drinks ohne Alkohol sind Ihrer Fantasie keine Grenzen gesetzt, aus den besten Zutaten die feinsten Mixgetränke zu kreieren.

1 | Drinks auf Früchtebasis

Bei Fruchtdrinks kann alles, was sich im Mixer oder mit dem Pürierstab fein zerkleinern lässt, verwendet werden. Beerenobst, Aprikosen, Pfirsiche, Nektarinen, Pflaumen und Trauben – sie alle lassen sich gut verarbeiten. Diese Früchte sollten Sie nur waschen, nicht schälen! Viele Vitamine sitzen dicht unter der Schale, zudem liefert die Schale wichtige Ballaststoffe. Für Traubensäfte sollten Sie kernlose Sorten verwenden. Melonen, Bananen, Mangos und Papayas müssen natürlich geschält werden.
Für Ihre Drinks können Sie unbesorgt auch fertige, möglichst naturreine Säfte verwenden.

2 | Drinks auf Gemüsebasis

Für Gemüsedrinks können Sie alles verwenden, das auch roh gegessen werden kann. Wenn Sie Gemüsemixgetränke sehr gerne mögen, ist ein Entsafter empfehlenswert, denn nur wenige Gemüsesorten sind so weich, dass sie sich problemlos pürieren lassen. Zum Mixen eignen sich Gurken, gehäutete Tomaten, Radieschen und Avocados. Die übrigen Gemüsesorten, wie Möhren, Kohlrabi, rote Bete oder Sellerie können Sie als fertigen Saft kaufen.

3 | Milchshake

Mit einem Milchshake schlagen Sie zwei Fliegen mit einer Klappe: Sie nehmen Obst zu sich und sorgen mit einem Milchprodukt – geeignet sind nicht nur reine Kuhmilch, sondern auch Joghurt, Kefir, Buttermilch oder Dickmilch – dafür, dass Ihr Körper genügend Kalzium bekommt.

4 | Smoothie

„Smooth" ist englisch und bedeutet weich. Ein Smoothie ist ein dickflüssiger Drink aus Obst oder Gemüse. Seine Konsistenz bekommt er dadurch, dass tiefgekühlte Früchte verwendet oder frische Früchte zusammen mit Eiswürfeln im Mixer aufgeschlagen werden.

5 | Fruchtmix

Dafür verwendet man frische Früchte, die sich leicht pürieren lassen. Sie werden mit gepressten Säften, wie zum Beispiel Orangen- oder Grapefruitsaft verquirlt. Auch fertige Säfte und Sirupe eignen sich zur Ergänzung.

6 | Bowle

Für Bowlen werden frische Früchte zerkleinert und müssen mit einem aromatischen Zusatz – z.B. Kräuter und Sirupe – einige Zeit ziehen. Dann wird mit eiskaltem Tee oder einem kohlensäurehaltigen Getränk, wie zum Beispiel Tonic Water aufgefüllt.

Klassisch und in Varianten

Schwarzer Tee

Aus 2 TL Teeblättern und etwa 300 ml Wasser Tee zubereiten.

➤ Varianten

– Limetten-Eistee: Tee nach Geschmack süßen. 1 Limette in feine Scheiben schneiden, mit reichlich Eiswürfeln in einen Krug geben. Den Tee dazugießen, mit 100 ml Ginger Ale auffüllen und umrühren.

– Minztee: 2 Zweige frische Minze mit Zucker nach Geschmack mit einem Löffel leicht zerquetschen. Frisch gebrühten Tee darüber abseihen und 3 Min. ziehen lassen.

– Gewürztee: 1/2 Zimtstange, 1 TL Kardamom und 2 Nelken mit 300 ml Wasser aufkochen, 15 Min. ziehen lassen, mit Honig süßen. 200 ml Milch dazugeben und aufkochen lassen. 2 TL Teeblätter hineinrühren, 4 Min. ziehen lassen, durch ein Sieb abseihen.

Kaffee

Aus 4 TL Kaffeepulver und etwa 1/2 l Wasser Kaffee aufbrühen.

➤ Varianten

– Kaffee oriental: 1 Prise Zimt oder etwas gemahlenen Kardamom zum Kaffeepulver geben und wie gewohnt aufbrühen. Auch Piment, Muskatnuss oder Sternanis vertragen sich gut mit Kaffee.

– Eiskaffee: Kaffee frisch brühen, nach Geschmack süßen und abkühlen lassen. Im Kühlschrank kalt werden lassen. In zwei hohe Gläser je 1 Kugel Vanilleeis geben, mit dem Kaffee auffüllen, mit einer Haube aus steif geschlagener Sahne dekorieren.

– Karamell-Kaffee: Kaffee frisch aufbrühen. 1 TL Karamellsirup auf einen Becher Kaffee geben. Nach Belieben mehr Sirup einrühren und heiße Milch zugeben.

Schokolade

Etwas Milch mit 2 TL Kakaopulver und 1 TL Zucker verrühren, in 400 ml kochende Milch mit einem Schneebesen rühren.

➤ Varianten

– Vanille-Schokolade: 1 Vanillestange aufschlitzen, das Mark herauskratzen. Mark und Stange in 300 ml Milch aufkochen lassen. 2 TL Kakaopulver mit dem Schneebesen in die Milch rühren, mit 1/2 TL Zimt und 1 Prise Chilipulver würzen. Nach Belieben süßen und mit einer Sahnehaube krönen.

– Luxus-Schokolade: 50 g Zartbitterschokolade in 200 ml Milch und 50 g Sahne schmelzen lassen. Mit Vanillezucker aromatisieren und nach Geschmack mit Zucker nachsüßen. Mit steif geschlagener Sahne und Schokoladespänen als Dekor servieren.

Wichtiges Zubehör fürs Mixvergnügen

Zum Auspressen
Unverzichtbar ist eine Zitruspresse. Am besten eine mit zwei Kegeln: Ein kleinerer für Zitronen und Limetten und ein größerer für Orangen und Grapefruits. Für größere Mengen ist auch eine elektrische Zitruspresse empfehlenswert.

Zum Pürieren
Mit einem Pürierstab können Sie ohne großen Aufwand Obst und einige Gemüsesorten cremig pürieren. Am besten geht das in einem hohen Becherglas. Darin lassen sich die Flüssigkeitsmengen gleich abmessen und Sie vermeiden Spritzer beim Mixen.

Standmixer
Besonders zur Herstellung von Smoothies brauchen Sie einen kräftigen Mixer von mindestens 400 Watt. Denn er muss die gefrorenen Früchte oder Eiswürfel zerkleinern, damit der Drink schön cremig wird. Sie können aber auch alle anderen Mixgetränke darin zubereiten.

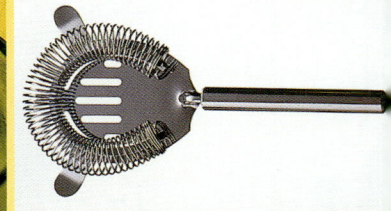

Eiswürfel
In Eiswürfelschalen können Sie auch Früchtemus je nach Saison einfrieren und dann portionsweise entnehmen. Für Crushed Eis gibt es kleine handliche Geräte mit einer Kurbel. Oder sie packen die Eiswürfel in einen reißfesten Gefrierbeutel und zertrümmern sie mit einem Hammer.

Gläser
Die Portionen in unseren Rezepten sind so bemessen, dass Sie damit jeweils zwei große hohe Gläser von 1/4 l Fassungsvermögen füllen können. Bei eiskalten Drinks sehen die Gläser schön frostig aus, wenn Sie sie anfeuchten und für 1 Std. in das Tiefkühlfach legen.

Mixen wie die Profis
Manche Drinks, zum Beispiel solche aus ausgepressten Zitrusfrüchten, werden feiner, wenn sie durch ein dünnmaschiges Siebchen abgegossen werden. Zum Versprudeln von Zucker oder Gewürzen sind kleine Spiralbesen ideal, die Sie im Fachhandel bekommen.

Milchprodukte

Kuhmilch

Neben Kalzium für den Knochen-
aufbau enthält Milch viel Vitamin
B 2. Ob Sie Vollmilch verwenden
möchten oder fettarme Milch bleibt
Ihnen überlassen. Die fettarme
Variante der Kuhmilch enthält
ebenso viele Mineralstoffe wie
Vollmilch und ihr Fettgehalt genügt
für den Vitamintransport.

Buttermilch

Sie entsteht bei der Verarbeitung
von Rahm zu Butter. Sie ist mit
0,3–1% Fett extrem mager, gilt
als verdauungsfördernd und
sollte kühl und dunkel aufbewahrt
werden.

Sauer- oder Dickmilch

Diese Milchvariante wird hergestellt, indem man der Milch Milchsäurebakterien zusetzt. Ihr Fettgehalt richtet sich danach, aus
welcher Milch sie gemacht wird.

Joghurt

Entsteht durch den Zusatz von
Reinkulturen zur pasteurisierten
Milch. Seine Fettstufen gehen
von 0,3% (Magermilchjoghurt)
bis 10% (Sahnejoghurt).

Kefir

Stammt aus dem Kaukasus und
wird aus pasteurisierter Milch mit
Kefirkulturen (Milchsäurebakterien)
hergestellt. Er schmeckt prickelnd
süßsauer und kann etwas Kohlen-
säure enthalten. Deshalb kann
sich der Stanioldeckel auf dem Ke-
firbecher etwas nach oben wölben.

Sojamilch

Ist die Pflanzenmilch aus gekoch-
ten und zermahlenen Sojabohnen.
Sie enthält mehr Eisen als Kuhmilch,
ist fettarm und cholesterinfrei.
Mittlerweile gibt es sie auch schon
in vielen Supermärkten. Für alle,
die Probleme mit Kuhmilch haben,
ein idealer Kalziumspender.

7

Dekorieren
leicht gemacht

Weil das Auge ja auch mittrinkt – oder für Gäste: Kleine Dekorationen an den Glasrändern machen Ihre Drinks erst richtig chic! Machen Sie es wie die Profis in den Cocktailbars.

Am einfachsten ist es, Früchte an den Glasrand zu stecken, zum Beispiel eine Rispe Johannisbeeren, eine Scheibe Kiwi oder Ananas.

Prima sehen auch kleine Spießchen zum Beispiel aus Banane und Erdbeeren aus. Dafür Früchte in mundgerechten Stücken auf Zahnstocher oder Cocktailstäbchen aufspießen.

Toll machen sich die Schalen von Zitrusfrüchten. Vor dem Auspressen die (unbehandelten!) Früchte heiß abwaschen und die Schale möglichst dünn in einer Spirale abschneiden.

Sie können auch Orangenscheiben als „frostige" Dekoration tiefkühlen und dann später in den Drink geben. Oder Sie frieren Früchte wie Kirschen, Brombeeren oder Himbeeren direkt im Eiswürfelbehälter mit etwas Wasser oder Saft ein.

Sehr dekorativ sehen Zucker oder bei Gemüsedrinks Salz am Glasrand aus. Dafür die Glasränder in Wasser, Zitronensaft oder den jeweiligen Drink etwa 1/2 cm hoch eintauchen und in Zucker oder Salz stippen.

MATERIALIEN

Das gehört in den Vorrat:

✗ Messbecher mit einer Skala von 50–500 ml zum Abmessen von Flüssigkeiten.

✗ Langstielige Löffel oder kleine Schneebesen zum Umrühren.

✗ Zahnstocher und Holzspieße für die Dekoration.

✗ Cocktailkirschen zum Verzieren.

✗ Eiswürfelbehälter in verschiedenen Formen, zum Beispiel Herzen, Kugeln oder Sterne.

✗ Strohhalme, auf die auch Früchte, zum Beispiel Bananenscheiben, gespießt werden können.

✗ Bowlegefäß für größere Getränkemengen zum Beispiel für eine Party.

Angehängt

Am besten lässt sich die Schale von
Zitrusfrüchten mit einem sehr scharfen
Messer abschneiden.

Fruchtig

Am schnellsten peppen Sie einen Drink
mit Früchten auf, die Sie beim Zubereiten
zurückbehalten. Rispen einfach an den
Glasrand hängen, andere Fruchtstücke
etwas einschneiden.

Eisig

3

Möchten Sie nicht, dass Ihr
Drink verwässert wird, frieren
Sie die Früchte mit Saft ein.

Fitmacher am Morgen

Gleich nach dem Aufstehen eine Ladung frischer Vitamine. Das bringt volle Power und steigert die Leistungsfähigkeit. Durchhänger am Vormittag ausgeschlossen. Und war die Nacht mal etwas länger: Dann erst recht so viele Vitamine wie möglich und viel, viel Flüssigkeit.

Blitzrezepte

Brombeer-Power-Smoothie

FÜR 2 PERSONEN

➤ 1 Grapefruit (ersatzweise 100 ml Saft)
100 g Brombeeren | 250 ml schwarzer
Johannisbeersaft | 6 Eiswürfel | 2 EL
Himbeersirup

1 | Die Grapefruit auspressen (ergibt etwa
100 ml Saft). Die Brombeeren waschen,
verlesen und gut abtropfen lassen.

2 | Grapefruitsaft, Brombeeren, die Hälfte des
Johannisbeersaftes und die Eiswürfel in den
Mixer geben und pürieren, bis sich die Eis-
würfel mit der Flüssigkeit verbunden haben.

3 | In zwei hohe Gläser füllen, mit dem
übrigen Johannisbeersaft aufgießen und
mit dem Sirup abschmecken. Nach Belieben mit Eiswürfeln servieren.

Sanddorn-Kefir

FÜR 2 PERSONEN

➤ 2 Orangen (ersatzweise 150 ml Saft)
1 Pfirsich | 1/4 l Kefir | 100 ml Sand-
dornsaft | 2 EL Honig

1 | Die Orangen auspressen (ergibt etwa
150 ml Saft). Den Pfirsich heiß überbrühen,
häuten, halbieren und den Kern entfernen.
Zwei Spalten für die Dekoration abschneiden und beiseite legen. Restliches Fruchtfleisch würfeln.

2 | Orangensaft, Pfirsich, Kefir, Sanddorn-
saft und Honig in den Mixer geben oder
mit dem Pürierstab gut verquirlen.
In zwei hohe Gläser füllen. Die beiden Pfir-
sichspalten längs einschneiden und an den
Rändern fest stecken.

11

belebend | cremig

Himbeer-Melonen-Smoothie

FÜR 2 PERSONEN

➤ 300 g Wassermelone
1 Banane
100 ml naturtrüber Apfelsaft
200 g Himbeeren (frisch oder TK)
3 EL Himbeersirup
1 EL Zucker

🕑 Zubereitung: 10 Min.
➤ Pro Portion: ca. 210 kcal

1 | Die Melone schälen, die dunklen Kerne entfernen und das Fruchtfleisch würfeln. Die Banane schälen und in Scheiben schneiden.

2 | Apfelsaft, Himbeeren, 2 EL Himbeersirup, Melone und Banane in den Mixer geben und auf der höchsten Stufe mixen, bis der Drink cremig ist.

3 | Restlichen Himbeersirup auf einen Teller gießen. Zucker auf einem anderen Teller ausbreiten. Die Glasränder mit dem Sirup befeuchten, dann in den Zucker tauchen. Den Drink in die Gläser gießen.

mild | vitaminreich

Aprikosen-Buttermilch

FÜR 2 PERSONEN

➤ 300 g Galia-Melone (etwa 1/2 Frucht)
350 g Aprikosen
1 Banane
300 ml Buttermilch

🕑 Zubereitung: 5 Min.
➤ Pro Portion: ca. 180 kcal

1 | Die Melone entkernen, zwei schmale Schnitze abschneiden und für die Dekoration beiseite legen. Übrige Melone schälen und würfeln. Die Aprikosen waschen, entkernen und klein schneiden. Die Banane schälen und in Scheiben schneiden.

2 | Buttermilch in den Mixer oder in ein hohes Becherglas gießen. Melone, Aprikosen und Banane dazugeben und mixen oder mit dem Pürierstab fein zerkleinern.

3 | Buttermilch in zwei hohe Gläser füllen, die beiden Melonenschnitze längs einschneiden und an den Rand stecken.

erfrischend | cremig

Minze-Frucht-Kefir

FÜR 2 PERSONEN

➤ 250 g Erdbeeren
1 Nektarine
2 Stängel frische Minze
1/4 l Kefir
1 Päckchen Vanillezucker
4 Eiswürfel

🕑 Zubereitung: 10 Min.
➤ Pro Portion: ca. 120 kcal

1 | Die Erdbeeren waschen, gut abtropfen lassen und von den Stielen zupfen. Die Nektarine waschen, halbieren, den Kern entfernen und in Stücke schneiden. 5 Blättchen Minze von den Stielen zupfen.

2 | Kefir, Vanillezucker, Eiswürfel, Früchte und Minzeblättchen in den Mixer oder in ein hohes Becherglas geben und auf höchster Stufe cremig pürieren. In zwei große Gläser füllen und die Minzestängel zur Dekoration hineinstecken.

◄ *im Bild vorne:* **Aprikosen-Buttermilch**   *Mitte:* **Minze-Frucht-Kefir**   *hinten:* **Himbeer-Melonen-Smoothie**   13

mild | macht munter

Mango-Molke-Creme

FÜR 2 PERSONEN

➤ 1/2 Mango (etwa 150 g)
   150 g reife Aprikosen
   2 EL Mandelmus
   (aus dem Reformhaus,
   nach Belieben)
   1/4 l reine Molke
   4 Eiswürfel
   1 EL brauner Zucker

🕐 Zubereitung: 10 Min.
➤ Pro Portion: ca. 220 kcal

1 | Die Mango schälen und das Fruchtfleisch in Spalten vom harten Kern schneiden. Die Aprikosen waschen, trockentupfen, die Kerne entfernen und klein schneiden.

2 | Mit dem Mandelmus, der Molke und Eiswürfeln in den Mixer geben und zu einem cremigen Drink schlagen.

3 | Den Zucker auf einem flachen Teller ausbreiten, die Glasränder mit der Mango-Molke-Creme befeuchten und in den Zucker tauchen. Das Getränk einfüllen und nach Belieben mit Eiswürfeln servieren.

pikant | cremig

Pfeffer-Erdbeeren

FÜR 2 PERSONEN

➤ 300 g Erdbeeren
   2 Nektarinen
   1 EL Zucker nach Belieben
   schwarzer Pfeffer, frisch gemahlen
   6–8 Eiswürfel

🕐 Zubereitung: 10 Min.
➤ Pro Portion: ca. 120 kcal

1 | Die Erdbeeren waschen, entstielen und vierteln oder halbieren. Die Nektarinen heiß waschen, halbieren, die Kerne entfernen und das Fruchtfleisch würfeln.

2 | Die Früchte nach Belieben mit dem Zucker, dem Pfeffer und den Eiswürfeln im Mixer cremig aufschlagen.

3 | In zwei hohe Gläser füllen und nach Belieben nochmals mit Pfeffer übermahlen.

süß | vitaminreich

Karamell-Feigen

FÜR 2 PERSONEN

➤ 2 reife blaue Feigen
   2 große reife Aprikosen (etwa 150 g)
   1 Päckchen Vanillezucker
   2 EL Karamellsirup
   400 ml Milch

🕐 Zubereitung: 5 Min.
➤ Pro Portion: ca. 210 kcal

1 | Die Feigen waschen, trockentupfen und die Stielansätze abschneiden. Die Aprikosen heiß abwaschen, halbieren und die Kerne entfernen.

2 | Die Früchte würfeln und mit dem Vanillezucker, dem Sirup und der Hälfte der Milch im Mixer oder mit dem Pürierstab pürieren.

3 | Den Drink in zwei hohe Gläser füllen und mit der übrigen Milch aufgießen.

anregend | zum Löffeln
Ananas-Vitamine

FÜR 2 PERSONEN

➤ 250 g frische Ananas
1 Banane
2 Orangen
150 g rote Johannisbeeren
2 Päckchen Vanillezucker
4 Eiswürfel
kaltes Mineralwasser nach Belieben
etwas Zucker

🕐 Zubereitung: 15 Min.
➤ Pro Portion: ca. 180 kcal

1 | Die Ananas von den braunen Augen und dem harten Strunk in der Mitte befreien und würfeln. Die Banane schälen und in Scheiben schneiden. Die Orangen auspressen. Die Johannisbeeren waschen und 2 schöne Rispen für die Dekoration beiseite legen. Die übrigen Beeren abzupfen.

2 | Das Obst mit dem Vanillezucker in den Mixer oder in ein hohes Becherglas geben und fein pürieren. Die Eiswürfel in zwei hohe Gläser geben und den Drink darüber gießen. Nach Belieben mit kaltem Mineralwasser auffüllen. Die Johannisbeeren zuckern und an den Rand stecken.

belebend | cremig
Fruchtige Ananas

FÜR 2 PERSONEN

➤ 250 g Ananas
1 Nektarine
100 g tiefgekühlte Himbeeren
2 Orangen (ersatzweise 150 ml Orangensaft)
Süßstoff nach Belieben

🕐 Zubereitung: 10 Min.
➤ Pro Portion: ca. 130 kcal

1 | Die Ananas schälen, die braunen Augen herausschneiden. Den harten Strunk in der Mitte entfernen. Zwei schmale Halbkreise abschneiden und für die Dekoration beiseite legen. Restliches Fruchtfleisch in Stücke schneiden. Die Nektarine heiß abwaschen, halbieren, den Kern entfernen und das Fruchtfleisch klein würfeln.

2 | Früchte zusammen mit den Himbeeren in den Mixer oder in ein Becherglas geben. Orangen auspressen und den Saft dazugeben. Drink so lange pürieren, bis sich die Himbeeren aufgelöst haben.

3 | Nach Belieben mit Süßstoff abschmecken und in zwei hohe Gläser füllen. Die Ananashalbkreise einschneiden und an den Rand stecken.

scharf | belebend

Kiwi-Gurken-Mix

FÜR 2 PERSONEN

➤ 200 g Salatgurke
2 Kiwis
1 EL frisch gehacktes Basilikum
300 ml Sojamilch
Pfeffer, frisch gemahlen
Tabasco nach Belieben

🕐 Zubereitung: 10 Min.
➤ Pro Portion: ca. 80 kcal

1 | Die Salatgurke schälen, und klein würfeln. Kiwis halbieren, das Fruchtfleisch mit einem Löffel herauskratzen.

2 | Gurke, Kiwis und Basilikum mit der Sojamilch in den Mixer geben und fein pürieren. Mit Pfeffer und Tabasco würzen und in zwei große Gläser füllen.

TIPP Sie können das Getränk auch mit normaler Milch zubereiten. Dann muss es allerdings schnell getrunken werden, weil es durch die Enzyme der Kiwi bitter wird.

würzig | belebend

Tomaten-Möhren-Saft

FÜR 2 PERSONEN

➤ 1 EL Sesamsaat
2 Tomaten
4 Zweige frischer Thymian
250 ml Möhrensaft
200 ml Kefir
Salz
Worcestersauce

🕐 Zubereitung: 10 Min.
➤ Pro Portion: ca. 65 kcal

1 | Die Sesamsaat in einer beschichteten Pfanne ohne Fett goldgelb rösten. Die Tomaten überbrühen, häuten, die Stielansätze herausschneiden und das Fruchtfleisch würfeln. Den Thymian von den Zweigen zupfen.

2 | Tomaten mit Thymian und dem Möhrensaft fein pürieren. Den Kefir dazugeben und verquirlen, mit Salz und Worcestersauce abschmecken.

3 | Die Glasränder mit dem Saft befeuchten und in die Sesamsaat tauchen, den Drink einfüllen.

scharf | herzhaft

Roter Kefir

FÜR 2 PERSONEN

➤ 150 ml Rote Bete Saft
1 TL geriebener Meerrettich (aus dem Glas)
300 ml Kefir
schwarzer Pfeffer, frisch gemahlen
gemahlener Koriander
10 Stängel Schnittlauch

🕐 Zubereitung: 5 Min.
➤ Pro Portion: ca. 50 kcal

1 | Den Rote Beete Saft gut mit dem Meerrettich verquirlen. Den Kefir kräftig einrühren, bis ein cremiger Drink entsteht. Mit Pfeffer und Koriander nach Geschmack würzen.

2 | Den Kefir in zwei hohe Gläser füllen und je 5 Stängel Schnittlauch zur Dekoration hineinstecken.

Leichtes für zwischendurch

Der kleine Hunger meldet sich, aber die Kalorienbilanz drückt bereits aufs Gewissen? Ein leichter Gemüse- oder Obstdrink – in kleinen Schlucken genossen – schafft schnell Abhilfe. Sie können auch schon mal eine Mahlzeit durch einen kalorienarmen Drink ersetzen.

Blitzrezepte

Joghurt-Minze-Shake

FÜR 2 PERSONEN

➤ 2 rosa Grapefruits (ersatzweise 200 ml Saft) | 2 Zweige frische Minze | 300 g Joghurt | 2 EL Honig

1 | Die Grapefruits auspressen (ergibt etwa 200 ml). Die Minzezweige waschen und gut trockenschütteln. Von unten her 10 Blättchen abzupfen und grob hacken. Die übrigen Minzestängel zur Dekoration beiseite legen.

2 | Grapefruitsaft, Minze, Joghurt und Honig im Mixer oder mit dem Pürierstab cremig rühren und in zwei große Gläser füllen. Mit den Minzezweigen oder -blättern dekoriert servieren.

Kirschen-Bananen-Mix

FÜR 2 PERSONEN

➤ 1 Banane | 2 Orangen | 1/4 l Kirschsaft Eiswürfel | 6 Kirschen

1 | Die Banane schälen und in Scheiben schneiden. Nach Belieben einige Scheiben zur Dekoration beiseite legen. Die Orangen auspressen.

2 | Die Bananen mit dem Orangen- und Kirschsaft und den Eiswürfeln pürieren, bis sich das Eis in feine Kristalle aufgelöst hat und der Drink cremig ist. In zwei große Gläser füllen. Bananenscheiben und Kirschen abwechselnd auf Holzspieße stecken und über die Gläser legen

21

erfrischend | cremig

Himbeer-Smoothie

FÜR 2 PERSONEN

➤ 150 g tiefgekühlte Himbeeren

200 g reife Aprikosen

2 EL Himbeersirup

1/2 TL Zimt

150 ml eiskaltes Mineralwasser

🕘 Zubereitung: 5 Min.
➤ Pro Portion: ca. 105 kcal

1 | Die tiefgekühlten Himbeeren in den Mixer geben. Die Aprikosen heiß waschen, halbieren, die Kerne entfernen und das Fruchtfleisch würfeln. Aprikosen zu den Himbeeren geben.

2 | Den Himbeersirup über die Früchte gießen, Zimt und etwas Wasser dazugeben. Auf der höchsten Stufe 2–3 Min. zu einem cremigen Drink aufschlagen.

3 | In zwei große Gläser füllen und nach Belieben mit eiskaltem Mineralwasser verdünnen.

fruchtig | exotisch

Kokos-Erdbeeren

FÜR 2 PERSONEN

➤ 200 g Erdbeeren

2 Nektarinen

3 EL Kokosflocken

2 EL Puderzucker

300 ml Milch

🕘 Zubereitung: 10 Min.
➤ Pro Portion: ca. 280 kcal

1 | Die Erdbeeren behutsam waschen, entstielen und halbieren oder vierteln. Die Nektarinen heiß waschen, die Kerne entfernen und das Fruchtfleisch würfeln.

2 | Die Früchte mit 2 EL Kokosflocken, dem Puderzucker und der Milch im Mixer oder mit dem Pürierstab fein pürieren.

3 | Die Glasränder mit Wasser befeuchten. Restliche Kokosflocken auf einem kleinen Teller ausbreiten und die Glasränder hineindrücken, so dass die Flocken kleben bleiben. Drinks einfüllen und mit den restlichen Kokosflocken bestreut servieren.

herb | spritzig

Balsamico-Erdbeeren

FÜR 2 PERSONEN

➤ 300 g reife Erdbeeren

2 Zweige Basilikum

1 EL Honig

1 EL Aceto balsamico

8 Eiswürfel

100 ml eiskaltes Mineralwasser

schwarzer Pfeffer, frisch gemahlen

🕘 Zubereitung: 10 Min.
➤ Pro Portion: ca. 70 kcal

1 | Die Erdbeeren waschen, gut abtropfen lassen, von den Stielen zupfen und halbieren oder vierteln. Die unteren Blätter von den Basilikumzweigen abzupfen und in Streifen schneiden.

2 | Erdbeeren, Basilikum, Honig, Aceto balsamico und Eiswürfel mit etwas Mineralwasser in den Mixer geben und cremig aufschlagen.

3 | In zwei große Gläser füllen, mit Pfeffer übermahlen und mit den Basilikumzweigen oder -blättern dekoriert servieren.

erfrischend | pikant

Grüne Sojamilch

FÜR 2 PERSONEN

➤ 2 Kiwis
2 EL Zitronensaft
2 EL 8-Kräuter-Mischung (TK)
2 EL Hefeflocken (aus dem Reformhaus)
300 ml Sojamilch
2 Spritzer Worcestersauce
Salz
Pfeffer, frisch gemahlen
2 Stängel glatte Petersilie oder andere Kräuter zur Dekoration

🕐 Zubereitung: 10 Min.
➤ Pro Portion: ca. 90 kcal

1 | Die Kiwis schälen, längs vierteln und die harte, weiße Rippe herausschneiden. Das Fruchtfleisch würfeln.

2 | Kiwis zusammen mit dem Zitronensaft, der Kräuter-Mischung, den Hefeflocken und der Sojamilch im Mixer oder mit dem Pürierstab fein pürieren.

3 | Mit Worcestersauce, Salz und Pfeffer pikant abschmecken, in zwei große Gläser füllen und mit den Kräutern dekoriert servieren.

pikant | herb

Preiselbeer-Orangen-Drink

FÜR 2 PERSONEN

➤ 2 Orangen
3 EL Wildpreiselbeeren (aus dem Glas)
1 TL geriebener Meerrettich (aus dem Glas)
400 ml Buttermilch
Salz

🕐 Zubereitung: 5 Min.
➤ Pro Portion: ca. 95 kcal

1 | Die Orangen auspressen. Mit den Preiselbeeren und dem Meerrettich fein pürieren.

2 | Orangen-Preiselbeeren mit der Buttermilch gut verquirlen und mit Salz abschmecken.

 TIPP Wer's gerne scharf mag, schmeckt den Drink mit mehr Meerrettich ab.

mild | würzig

Thymian-Gurken-Mix

FÜR 2 PERSONEN

➤ 250 g Salatgurke
1/4 Zuckermelone
200 ml Buttermilch
1 EL gehackter Thymian
2 EL Limettensaft
Salz
Pfeffer, frisch gemahlen

🕐 Zubererreitung: 10 Min.
➤ Pro Portion: ca. 85 kcal

1 | Von der Gurke 2 dünne Scheiben längs abschneiden und beiseite legen. Restliche Gurke schälen und würfeln. Die Melone entkernen, schälen und das Fruchtfleisch klein schneiden.

2 | Mit der Buttermilch, dem Thymian und dem Limettensaft im Mixer oder mit dem Pürierstab zu einem cremigen Drink aufschlagen.

3 | Drink mit Salz und Pfeffer abschmecken und in zwei Gläser füllen. Die Gurkenscheiben wie eine Ziehharmonika zusammenlegen und in die Drinks geben

◀ *im Bild vorne:* **Preiselbeer-Orangen-Drink** *Mitte:* **Thymian-Gurken-Mix** *hinten:* **Grüne Sojamilch**

herzhaft | belebend

Tomaten-Buttermilch mit Kresse

FÜR 2 PERSONEN

➤ 250 g Salatgurke
  1 Kästchen Gartenkresse
  250 ml Tomatensaft
  250 ml Buttermilch
  Salz
  Pfeffer, frisch gemahlen
  Muskatnuss, frisch gerieben

🕐 Zubereitung: 10 Min.
➤ Pro Portion: ca. 60 kcal

1 | Die Gurke schälen und würfeln. Die Kresse waschen, gut abtropfen lassen und abschneiden.

2 | Gurke und zwei Drittel der Kresse mit Tomatensaft und der Hälfte der Buttermilch in den Mixer oder in ein hohes Becherglas geben und fein pürieren.

3 | Mit Salz, Pfeffer und Muskatnuss abschmecken und in zwei große Gläser geben. Mit der restlichen Buttermilch aufgießen und mit der übrigen Kresse bestreut servieren.

mild | macht munter

Möhren-Buttermilch

FÜR 2 PERSONEN

➤ 1 Grapefruit
  200 ml Möhrensaft
  1 Prise Muskatnuss, frisch gerieben
  300 ml Buttermilch
  Salz oder 2 EL Honig, nach Belieben

🕐 Zubereitung: 5 Min.
➤ Pro Portion: ca. 50 kcal

1 | Die Grapefruit auspressen und den Saft nach Belieben durch ein Sieb geben. Mit dem Möhrensaft, Muskatnuss und Buttermilch gut verquirlen.

2 | Mit Salz pikant oder mit Honig süß abschmecken – je nach Geschmack. Die Möhren mit Buttermilch schmecken süß und salzig sehr gut.

cremig | pikant

Radieschen-Milch

FÜR 2 PERSONEN

➤ 12 Radieschen (etwa 200 g)
  400 ml Buttermilch
  200 ml Rote Bete Saft
  Salz
  Pfeffer, frisch gemahlen
  Worcestersauce, nach Belieben

🕐 Zubereitung: 10 Min.
➤ Pro Portion: ca. 55 kcal

1 | Die Radieschen gründlich waschen, putzen und klein würfeln.

2 | Radieschen mit 200 ml Buttermilch in den Mixer oder in ein hohes Becherglas geben und cremig pürieren. Die restliche Buttermilch dazugeben und noch einmal durchmixen.

3 | Mit Salz, Pfeffer und Worcestersauce pikant abschmecken. Die Milch in zwei hohe Gläser geben, mit dem Rote Bete Saft auffüllen und mit einem langstieligen Löffel kurz umrühren.

mild | cremig

Soja-Avocado

FÜR 2 PERSONEN

➤ 1 EL Pinienkerne
  1/2 reife Avocado
  1 Kiwi
  2 EL Limettensaft
  400 ml Sojamilch
  schwarzer Pfeffer, frisch gemahlen

🕐 Zubereitung: 15 Min.
➤ Pro Portion: ca. 225 kcal

1 | Die Pinienkerne grob hacken und in einer beschichteten Pfanne ohne Fett goldgelb rösten.

2 | Die Avocado halbieren, den Kern entfernen und das Fruchtfleisch mit einem Löffel herausschaben. Die Kiwi quer halbieren, 2 Scheiben für die Dekoration abschneiden, restliche Frucht schälen und würfeln.

3 | Pinienkerne, Avocado und Kiwi mit dem Limettensaft und der Hälfte der Sojamilch im Mixer oder mit dem Pürierstab fein pürieren.

4 | Mit Pfeffer nach Geschmack würzen und in zwei hohe Gläser füllen. Die restliche Sojamilch dazugeben und mit einem langstieligen Löffel unterziehen.

herzhaft | vitaminreich

Avocado-Möhren-Mix

FÜR 2 PERSONEN

➤ 1/2 reife Avocado
  1 Stück frischer Ingwer (etwa haselnussgroß)
  100 ml Dickmilch
  300 ml Möhrensaft
  200 ml Milch

🕐 Zuberereitung: 10 Min.
➤ Pro Portion: ca. 230 kcal

1 | Die Avocado halbieren, den Kern entfernen und das Fruchtfleisch mit einem Löffel herauskratzen. Den Ingwer schälen und durch eine Knoblauchpresse drücken.

2 | Avocado und Ingwer mit der Dickmilch fein pürieren und mit dem Möhrensaft vermischen.

3 | Den Avocado-Möhren-Mix in zwei hohe Gläser füllen und die Milch unterziehen.

TIPP

Avocado-Basilikum-Drink

Für eine weitere raffinierte Drink-Variante mit Avocado als Basis brauchen Sie 1 großes Bund Basilikum, 2 EL Zitronensaft, 1/2 reife Avocado, 400 ml Buttermilch, 1 TL Senf und frisch gemahlenen schwarzen Pfeffer. Das Basilikum waschen, die Blättchen abzupfen und mit dem Zitronensaft, dem herausgelösten Avocadofruchtfleisch und der Buttermilch im Mixer pürieren. Mit Senf leicht pikant abschmecken, in zwei hohe Gläser füllen und mit Pfeffer bestäubt servieren.

Zum Entspannen und Genießen

Endlich Feierabend! Endlich Wochenende! Da will man dem Körper und der Seele nur noch Gutes tun. Entspannen Sie sich bei den cremigen aromatischen Drinks, die so zart auf der Zunge zergehen und dem Gaumen schmeicheln.

Blitzrezepte

Soft Orange

FÜR 2 PERSONEN

➤ 3 Nektarinen | 2 Orangen | 10 Physalis
3 EL Puderzucker | 6–8 Eiswürfel

1 | Die Nektarinen heiß waschen, halbieren, die Kerne entfernen, das Fruchtfleisch würfeln. Die Orangen auspressen. Die Physalis von den Blättern befreien.

2 | Die Früchte mit dem Puderzucker und den Eiswürfeln im Mixer cremig pürieren. Drink in zwei hohe Gläser füllen und sofort servieren.

 TIPP Der Drink wird besonders erfrischend, wenn Sie das Obst schon im Kühlschrank vorkühlen.

Maronen-Joghurt

FÜR 2 PERSONEN

➤ 100 g Maronen (aus dem Glas oder aus der Dose) | 200 ml cremig gerührter Joghurt | 2 EL Karamellsirup (ersatzweise Puderzucker) | 1/4 l Milch
4 Eiswürfel | Zimtpulver zum Bestäuben

1 | Die Maronen in einem Sieb gut abtropfen lassen. Maronen, Joghurt und Sirup mit dem Pürierstab fein pürieren. Nach und nach die Milch dazugießen, bis ein cremiger Drink entstanden ist.

2 | Die Eiswürfel in zwei große Gläser geben und den Maronen-Joghurt darüber gießen. Mit Zimt bestäubt sofort servieren.

fruchtig | prickelnd
Erdbeerkefir

FÜR 2 PERSONEN

➤ 200 g Erdbeeren
200 g Heidelbeeren
1/4 l Kefir
2 TL Mandelmus (aus dem Reformhaus)
1 Päckchen Vanillezucker
Mineralwasser nach Belieben

🕐 Zubereitung: 15 Min.
➤ Pro Portion: ca. 165 kcal

1 | Die Erdbeeren waschen, abtropfen lassen, von den Stielen zupfen und halbieren. Die Heidelbeeren waschen und verlesen.

2 | Zusammen mit dem Kefir, dem Mandelmus und dem Vanillezucker im Mixer oder mit dem Pürierstab zu einem cremigen Drink verquirlen.

3 | In zwei hohe Gläser füllen und nach Belieben mit Mineralwasser auffüllen.

samtig | belebend
Brombeer-Sahne

FÜR 2 PERSONEN

➤ 150 g Brombeeren
250 ml Kefir
200 ml Holundersaft
1/2 TL Zimtpulver
100 g Sahne
2 TL Puderzucker
2 lange Zimtstangen

🕐 Zubereitung: 10 Min.
➤ Pro Portion: ca. 270 kcal

1 | Die Brombeeren waschen, verlesen und gut abtropfen lassen. Zusammen mit dem Kefir, dem Holundersaft und der Hälfte des Zimts im Mixer oder mit dem Pürierstab cremig rühren.

2 | Die Sahne steif schlagen, den Puderzucker dazugeben und nochmals kurz schlagen.

3 | Den Brombeerdrink in zwei große Gläser füllen, die Sahne darauf geben und mit dem restlichen Zimt bestreuen. Die Zimtstangen zur Dekoration hineinstecken.

erfrischend | leicht
Vanille-Buttermilch

FÜR 2 PERSONEN

➤ 1 reife Nektarine
100 g reife Aprikosen
1 Päckchen Vanillezucker
1 EL Zitronensaft
1/2 l Buttermilch
2 große Kugeln Vanilleeis
Zimtpulver nach Belieben

🕐 Zubereitung: 10 Min.
➤ Pro Portion: ca. 165 kcal

1 | Die Haut der Nektarine abziehen. Nektarine entkernen. Aprikosen waschen und entkernen. Früchte klein schneiden.

2 | Früchte mit Vanillezucker, Zitronensaft und etwas Buttermilch pürieren. Mit der restlichen Buttermilch verrühren.

3 | Die Eiskugeln in zwei große Gläser füllen und die Frucht-Buttermilch darüber gießen. Nach Belieben mit Zimt bestreut servieren.

zum Löffeln

Buttermilch-Birnen

FÜR 2 PERSONEN

➤ 2 kleine reife Birnen
(etwa 200 g)
100 g weiße oder rote
Johannisbeeren
400 ml Buttermilch
3 EL Zucker
1 TL Zimtpulver

🕐 Zubereitung: 10 Min.
➤ Pro Portion: ca. 150 kcal

1 | Die Birnen schälen, die
Kerngehäuse entfernen und

TIPP

Beeren-Allerlei

Statt Johannisbeeren
können Sie problemlos
andere Beerenfrüchte
verwenden: Sehr fein
schmeckt der Drink mit
aromatischen reifen
Erdbeeren, frischen
oder tiefgekühlten
Himbeeren oder Blau-
beeren. Auch eine fer-
tige Mischung verschie-
dener Beerenfrüchte
(tiefgekühlt erhältlich)
ergibt einen feinen
fruchtig-erfrischenden
Drink.

das Fruchtfleisch in Stücke
schneiden. Die Johannisbeeren waschen, gut abtropfen
lassen und von den Stielen
zupfen.

2 | Buttermilch, Zucker und
1/2 TL Zimt in den Mixer
oder in ein hohes Becherglas
geben, die Früchte dazugeben
und auf hoher Stufe cremig
mixen.

3 | In zwei hohe Gläser füllen
und mit dem restlichen Zimt
bestreut servieren.

sanft | prickelnd

Nektarinen-Smoothie

FÜR 2 PERSONEN

➤ 2 EL Mandelblättchen
1 kleine Banane
1 Nektarine
3 eisgekühlte Orangen
(ersatzweise 200 ml Saft)
1 EL Honig
4 Eiswürfel
200 ml eiskaltes Mineral-
wasser nach Belieben

🕐 Zubereitung: 15 Min.
➤ Pro Portion: ca. 140 kcal

1 | Die Mandelblättchen in
einer beschichteten Pfanne
ohne Fett goldgelb rösten und
abkühlen lassen.

2 | Die Banane schälen und in
1 cm dicke Scheiben schneiden. Die Nektarine halbieren,
den Kern entfernen und das
Fruchtfleisch würfeln. Die
Orangen auspressen.

3 | Orangensaft, Mandelblätt-
chen, Honig, die Früchte und
die Eiswürfel in den Mixer
geben und zu einem cremigen
Drink aufschlagen.

4 | In zwei hohe Gläser füllen
und nach Geschmack mit
eiskaltem Mineralwasser auffüllen.

sanft | exotisch
Mango-Ingwer-Smoothie

FÜR 2 PERSONEN

➤ 1/2 Mango (etwa 150 g Fruchtfleisch)
 1 Stück frischer Ingwer (etwa walnussgroß)
 4 Orangen
 1 Limette
 6 Eiswürfel

🕐 Zubereitung: 10 Min.
➤ Pro Portion: ca. 90 kcal

1 | Die Mango schälen, das Fruchtfleisch vom harten Kern schneiden und würfeln. Den Ingwer schälen und durch die Knoblauchpresse drücken.

2 | Die Orangen halbieren, Scheiben für die Dekoration aus der Mitte abschneiden. Orangen und Limette auspressen.

3 | Mango, Ingwer, Orangen- und Limettensaft mit den Eiswürfeln im Mixer zu einem cremigen Drink aufschlagen.

4 | In zwei große Gläser füllen, die Orangenscheiben einschneiden und an den Rand stecken.

sahnig | exotisch
Feigenmilch

FÜR 2 PERSONEN

➤ 2 EL Pistazien
 3 frische dunkle Feigen
 300 ml Milch
 100 g Sahnejoghurt
 1 EL Honig
 1/2 TL gemahlener Kardamom
 4 Eiswürfel
 100 g Sahne nach Belieben
 1 TL Zucker

🕐 Zubereitung: 15 Min.
➤ Pro Portion: ca. 260 kcal

1 | Die Pistazien in einer beschichteten Pfanne ohne Fett goldgelb rösten. Von einer Feige aus der Mitte 2 Scheiben für die Dekoration abschneiden. Restliche Feigen würfeln und zusammen mit den Pistazien in 100 ml Milch fein pürieren.

2 | Mit der restlichen Milch, dem Joghurt, Honig und Kardamom gut verrühren.

3 | Eiswürfel in zwei große Gläser füllen und die Feigenmilch darüber gießen. Nach Belieben die Sahne halbsteif oder steif schlagen und darauf geben.

4 | Den Zucker auf einem flachen Teller ausbreiten, die Feigenscheiben etwas anfeuchten, hineindrücken und an den Glasrändern feststecken.

Sommerparty

Alkoholfrei ist »in« – Kopfschmerzen sind ausgeschlossen. Die leichten eis-gekühlten Getränke sind der Hit für jede Sommerparty und im Handumdrehen gemixt. Wenn es dann doch nicht ganz »free« sein soll, können Sie die Drinks und Bowlen mit spritzigem Prosecco auffüllen.

Blitzrezepte

Pink Bananas

FÜR 2 PERSONEN

➤ 1 kleine Banane | 1 EL Himbeersirup
1 EL Honig | 400 ml Milch | 75 g Sahne
nach Belieben

1 | Die Banane schälen und in Scheiben
schneiden. 2 Scheiben zur Dekoration beiseite legen. Banane, Himbeersirup, Honig
und 200 ml Milch in den Mixer oder in ein
hohes Becherglas geben und pürieren.

2 | In zwei große Gläser füllen und mit der
restlichen Milch aufgießen.

3 | Nach Belieben die Sahne steif schlagen
und darauf geben. Mit den Bananenscheiben belegt servieren.

Blue Coconut

FÜR 2 PERSONEN

➤ 4 Orangen | 2 EL Sirop de Curaçao
(alkoholfreier Curaçaosirup) | 2 EL
Kokossirup (ersatzweise 50 ml Kokos-
milch) | 4 Eiswürfel | 250 ml Ananas-
saft | eiskaltes Mineralwasser

1 | Die Orangen halbieren und eventuell zwei
Scheiben aus der Mitte für die Dekoration
abschneiden. Die Früchte auspressen (sie
sollen etwa 250 ml Saft ergeben). Die beiden
Sirupe gründlich mit dem Saft verquirlen.

2 | Die Eiswürfel in zwei große Gläser ge-
ben, die Orangen-Sirup-Mischung darüber
gießen und den Ananassaft einfüllen.

3 | Nach Belieben mit eiskaltem Mineral-
wasser aufgießen und mit den Orangenscheiben dekorieren.

erfrischend | herb
Ananasbowle

FÜR 2 PERSONEN

➤ 150 g Ananas
(vorbereitet gewogen)

10 Physalis
(Kapstachelbeeren)

2 EL Kokossirup
(ersatzweise Honig)

200 ml Bitter (alkoholfreier
italienischer Aperitif)

100 ml Ananassaft

Mineralwasser und
Eiswürfel nach Belieben

🕐 Zubereitung: 10 Min.
🕐 Marinierzeit: 1 Std.
➤ Pro Portion: ca. 150 kcal

1 | Die Ananas in kleine Würfel schneiden. Die Physalis von den Hüllblättern befreien und halbieren. Die Früchte in eine Schüssel geben und mit dem Sirup begießen.

2 | So viel Bitter dazugeben, dass die Früchte ganz bedeckt sind. Mindestens 1 Std. im Kühlschrank ziehen lassen.

3 | Auf zwei große Gläser verteilen, mit dem restlichen Bitter und dem Ananassaft auffüllen. Nach Belieben mit Mineralwasser verdünnen und Eiswürfel dazugeben.

spritzig | herb
Eismelone

FÜR 2 PERSONEN

➤ 1/4 Honigmelone
(etwa 300 g Fruchtfleisch)

1 Stück frischer Ingwer
(etwa haselnussgroß)

2 EL Honig

2 Zweige Zitronenmelisse

4 Eiswürfel oder Crushed
Eis (siehe Seite 6)

1/4 l Tonic Water

🕐 Zubereitung: 10 Min.
🕐 Marinierzeit: 1 Std.
➤ Pro Portion: ca. 120 kcal

1 | Die Honigmelone von den Kernen befreien, schälen und klein würfeln. Den Ingwer schälen und durch eine Knoblauchpresse drücken.

2 | Honigmelone, Ingwer, Honig und Zitronenmelisse in einer Schüssel vermischen und 1 Std. im Kühlschrank ziehen lassen.

3 | Die Zitronenmelisse herausnehmen und die Früchte mit dem Pürierstab grob pürieren. Über die Eiswürfel oder das Crushed Eis in zwei große Gläser geben und mit dem Tonic Water auffüllen.

cremig | süß
Apfelbowle

FÜR 2 PERSONEN

➤ 2 EL Rosinen

1/2 l Apfelsaft

3 reife blaue Feigen

2 EL Apfeldicksaft

4 Eiswürfel

zerstoßenes Eis nach
Belieben

🕐 Zubereitung: 10 Min.
🕐 Marinierzeit: 1 Std.
➤ Pro Portion: ca. 245 kcal

1 | Die Rosinen in 100 ml Apfelsaft 1 Std. einweichen. Die Feigen waschen trockentupfen und die Stielansätze entfernen. 1 Feige in kleine Würfel schneiden und beiseite legen.

2 | Die restlichen Feigen grob zerkleinern und mit den Rosinen samt Einweichsaft, dem Dicksaft und den Eiswürfeln im Mixer aufschlagen.

3 | Nach Belieben über dem zerstoßenen Eis in zwei große Gläser gießen und die Feigenwürfel unterheben.

erfrischend | herb

Nektarinentee

FÜR 2 PERSONEN

➤ 2 Teebeutel Hagebuttentee
2 Nektarinen
4 Zweige Zitronenmelisse
3 EL Maracujasirup
(ersatzweise Honig)
6 Eiswürfel

🕐 Zubereitung: 10 Min. ohne
Kühlzeit
➤ Pro Portion: ca. 50 kcal

1 | Den Hagebuttentee nach
Packungsanweisung mit gut
1/4 l kochendem Wasser aufbrühen und ziehen lassen.
Abgekühlt im Kühlschrank
eiskalt werden lassen.

2 | Die Nektarinen waschen,
halbieren und die Steine
entfernen. Das Fruchtfleisch
würfeln. Die Blätter von
2 Zweigen Zitronenmelisse
abzupfen und hacken.

3 | Nektarinen, Zitronenme-
lisse, Sirup und Eiswürfel mit
der Hälfte des Hagebuttentees
im Mixer cremig rühren.
In zwei Gläser füllen und mit
dem restlichen Tee aufgießen.
Mit Zitronenmelisse deko-
rieren.

süß | belebend

Aprikosentee

FÜR 2 PERSONEN

➤ 1 Teebeutel grüner Tee
300 g reife Aprikosen
2 Orangen (ersatzweise
150 ml Orangensaft)
2 EL Grenadinesirup
4 Eiswürfel

🕐 Zubereitung: 10 Min. ohne
Kühlzeit
➤ Pro Portion: ca. 125 kcal

1 | Den grünen Tee nach
Packungsanweisung mit gut
1/4 l Wasser zubereiten, abkühlen lassen und im Kühlschrank eiskalt werden lassen.

2 | Die Aprikosen heiß
waschen, halbieren, die Kerne
entfernen und das Frucht-
fleisch grob würfeln. Die
Orangen auspressen.

3 | Aprikosen, Orangensaft,
Sirup und Eiswürfel mit der
Hälfte des grünen Tees in den
Mixer oder in ein hohes Be-
cherglas geben und pürieren.

4 | In zwei große Gläser füllen
und mit dem übrigen Tee
aufgießen. Nach Belieben
weitere Eiswürfel dazugeben.

leicht | vitaminreich

Orangen-Hage-butten-Bowle

FÜR 2 PERSONEN

➤ 2 Teebeutel Hagebuttentee
2 Orangen | 1 Zitrone
2 reife Pfirsiche

🕐 Zubereitung: 10 Min. ohne
Kühlzeit
➤ Pro Portion: ca. 75 kcal

1 | Den Tee mit gut 300 ml
Wasser zubereiten, im Kühlschrank eiskalt werden lassen.
Aus der Mitte der Orangen
zwei dünne Scheiben herausschneiden, im Tiefkühlfach
gefrieren lassen.

2 | Die Orangen und die
Zitrone auspressen. Die Pfirsiche häuten, halbieren und
die Kerne entfernen. Einen
halben Pfirsich klein würfeln.
Das übrige Fruchtfleisch in
Stücke schneiden, mit Oran-
gen- und Zitronensaft und
etwas Tee pürieren, mit dem
restlichen Tee auffüllen.

3 | Die gefrorenen Orangen-
scheiben und die Pfirsichwür-
fel in Gläser geben, die Bowle
einfüllen.

sahnig | exotisch
Piña Colada free

FÜR 2 PERSONEN

➤ 100 g Sahnejoghurt
3 EL Kokossirup (ersatz-
weise 50 ml Kokosmilch)
1/2 l Ananassaft
Crushed Eis (siehe Seite 6)
1 Scheibe Ananas
(frisch oder aus der Dose)
2 Cocktailkirschen

🕐 Zubereitung: 10 Min.
➤ Pro Portion: ca. 140 kcal

1 | Den Joghurt mit dem Ko-
kossirup glatt rühren. Einen
Teil vom Ananassaft dazugießen und weiterrühren. Den
restlichen Ananassaft hineinrühren.

2 | Zwei große Gläser zu
einem Drittel mit dem Eis
füllen und den Drink darüber
gießen.

3 | Die Ananasscheibe halbie-
ren und mit je einer Cocktail-
kirsche auf einen Zahnstocher
stecken und über den Glasrand legen.

fruchtig | erfrischend
Kiwi Colada

FÜR 2 PERSONEN

➤ 3 Kiwis
200 ml Kirschsaft
4 Eiswürfel oder Crushed
Eis (siehe Seite 6)
200 ml Birnensaft
eiskaltes Mineralwasser
nach Belieben
2 Cocktailkirschen nach
Belieben

🕐 Zubereitung: 10 Min.
➤ Pro Portion: ca. 120 kcal

1 | Die Kiwis schälen. Aus
1 Frucht 4 Scheiben quer aus
der Mitte für die Dekoration
herausschneiden. Die restlichen Früchte längs vierteln
und den weißen harten Mit-
telstrunk entfernen.

2 | Die Kiwis mit dem Kirsch-
saft pürieren und über das Eis
in zwei gekühlte Gläser füllen.
Mit dem Birnensaft auffüllen
und mit Mineralwasser ver-
dünnen.

3 | Die Kiwischeiben und
nach Belieben die Cocktailkirschen auf Holzspieße
stecken und als Dekoration
in die Gläser geben.

belebend | herb
Pfirsich Tonic

FÜR 2 PERSONEN

➤ 1 reifer weißer Pfirsich
1 Zitrone
3 EL Waldmeistersirup
400 ml Tonic Water
1 EL Zucker
4 Eiswürfel

🕐 Zubereitung: 10 Min.
➤ Pro Portion: ca. 110 kcal

1 | Den Pfirsich heiß über-
brühen, häuten, vom Kern
befreien und klein schneiden.
Die Zitrone auspressen.

2 | Die Pfirsichstücke mit
dem Zitronensaft, 2 EL Waldmeistersirup und 100 ml
Tonic Water pürieren.

3 | Den restlichen Waldmeis-
tersirup und den Zucker jeweils auf 2 kleine Teller geben.
Die Glasränder mit dem Sirup befeuchten und anschlie-
ßend in den Zucker tauchen.

4 | Die Eiswürfel in die Gläser
geben, die Pfirsichcreme hin-
eingießen und mit dem übrigen Tonic Water auffüllen.

spritzig | herb
Bitter-Karambole

FÜR 2 PERSONEN

➤ 1 Karambole (Sternfrucht)
1 rosa Grapefruit
1/2 TL Piment
400 ml Bitter Lemon
2 TL Apfeldicksaft nach Belieben

🕐 Zubereitung: 10 Min. ohne Marinierzeit
➤ Pro Portion: ca. 145 kcal

1 | Die Karambole quer halbieren und 2 Scheiben aus der Mitte für die Dekoration abschneiden. Die restliche Frucht klein würfeln. Die Grapefruit auspressen und nach Belieben den Saft durch ein Sieb geben, damit er klar ist.

2 | Karambolewürfel, Grapefruitsaft und Piment vermischen und abgedeckt mindestens 1 Std. im Kühlschrank ziehen lassen.

3 | In zwei große Gläser geben und mit Bitter Lemon auffüllen. Nach Geschmack mit Apfeldicksaft süßen. Mit Karambolescheiben dekorieren.

süß | entspannend
Apri Cooler

FÜR 2 PERSONEN

➤ 200 g reife Aprikosen
2 EL Bananensirup (ersatzweise Honig)
1/2 Zitrone
400 ml naturtrüber Apfelsaft
4 Eiswürfel

🕐 Zubereitung: 10 Min.
➤ Pro Portion: ca. 195 kcal

1 | Die Aprikosen heiß waschen, trockentupfen, von den Kernen befreien und das Fruchtfleisch in Stücke schneiden. Mit dem Bananensirup, dem Saft der halben Zitrone, der Hälfte des Apfelsafts und den Eiswürfeln im Mixer fein pürieren.

2 | In zwei große Gläser geben und mit dem restlichen Apfelsaft auffüllen. Nach Belieben weitere Eiswürfel dazugeben.

TIPP Als Dekoration können Sie Aprikosenstückchen und Bananenscheiben auf Zahnstocher stecken und über den Glasrand legen.

herb | spritzig
Birnen mit Ginger Ale

FÜR 2 PERSONEN

➤ 2 reife weiche Birnen
2 EL Birnendicksaft (ersatzweise Honig)
400 ml eiskaltes Ginger Ale
2 Zweige frische Minze
4 Eiswürfel

🕐 Zubereitung: 10 Min.
➤ Pro Portion: ca. 315 kcal

1 | Die Birnen schälen und die Kerngehäuse entfernen. Eine Birne klein schneiden und mit dem Birnendicksaft und der Hälfte des Ginger Ale mit dem Zauberstab pürieren.

2 | Die Minze kalt abspülen, gut trockenschütteln und mit den Eiswürfeln in zwei große Gläser geben.

3 | Das Birnenpüree darüber gießen und mit dem restlichen Ginger Ale auffüllen.

Heiße Drinks für kalte Tage

Sie wärmen das Herz und den ganzen Körper gleich mit: Unsere Glühgetränke. Manche schmecken wie Grog oder Glühwein, enthalten aber keinen Tropfen Alkohol und sind obendrein super gesund. Da traut sich keine Schnupfen-Bakterie mehr in Ihre Nähe.

Blitzrezepte

Erdnussmilch

FÜR 2 PERSONEN

➤ 1 Stück frischer Ingwer (etwa hasel-
nussgroß) | 1/2 l Milch | 3 EL Erdnuss-
butter | Salz | Pfeffer, frisch gemahlen

1 | Den Ingwer schälen und durch eine
Knoblauchpresse in die Milch drücken.

2 | Die Ingwermilch aufkochen lassen und
die Erdnussbutter mit einem Schneebesen
kräftig einrühren.

3 | In zwei hohe Punschgläser füllen und
mit Salz und Pfeffer abschmecken.

Schokosahne

FÜR 2 PERSONEN

➤ 1/2 l Milch | 2 EL Scholadensauce oder
-sirup | 1 Päckchen Vanillezucker | 2 EL
Zucker | 75 g Sahne | 2 TL Schokoladen-
streusel | Zimtpulver zum Bestreuen

1 | Die Mich aufkochen lassen und die
Schokoladensauce und den Vanillezucker
einrühren. Nach Geschmack mit Zucker
süßen.

2 | Die Sahne sehr steif schlagen.

3 | Den heißen Schokoladendrink in zwei
große Gläser füllen und die Sahne darauf
geben. Mit Schokoladenstreuseln und
Zimt bestreut sofort servieren.

mild | belebend

Hot Mint

FÜR 2 PERSONEN

➤ 1/2 l Milch
3 Zweige frische Minze
10 Blättchen Minze-Schokolade (z.B. After eight)
1 EL Zucker nach Belieben
100 g Sahne
2 TL Schokoladeraspel

🕐 Zubereitung: 10 Min.
➤ Pro Portion: ca. 510 kcal

1 | Die Milch mit 1 Zweig Minze aufkochen lassen. Die Minze-Schokolade mit dem Schneebesen hineinrühren. Nach Belieben mit etwas Zucker zusätzlich süßen.

2 | Je einen Zweig Minze in 2 große Punschgläser geben und die heiße Minzemilch darüber gießen.

3 | Die Sahne steif schlagen und als Haube darauf setzen. Mit Schokoladeraspeln bestreut servieren.

fruchtig | samtig

Hot Plums

FÜR 2 PERSONEN

➤ 100 g getrocknete entsteinte Pflaumen
1 Stück Zimtrinde (etwa 5 cm)
1/2 l Pflaumensaft
1 Päckchen Vanillezucker
1/2 TL Piment
2 EL Zitronensaft

🕐 Zubereitung: 15 Min. ohne Marinierzeit
➤ Pro Portion: ca. 235 kcal

1 | Die Pflaumen in schmale Streifen schneiden und mit der Zimtrinde in eine kleine Schüssel geben. Mit kochendem Wasser übergießen und 4 Std. ziehen lassen.

2 | Den Pflaumensaft mit Vanillezucker und Piment aufkochen lassen. Die Zimtrinde aus den eingeweichten Pflaumen herausnehmen. Pflaumen pürieren, im Saft erhitzen, dabei mit dem Schneebesen schaumig schlagen.

3 | Mit Zitronensaft abschmecken und in vorgewärmten Gläsern heiß servieren.

TIPP

Hot Spicy Chocolate

Ein idealer Partner zu Schokolade ist nicht nur die Minze, mehr als einen Versuch wert ist der leicht würzig-scharfe Thymian in Verbindung mit Zartbitterschokolade (nach Belieben auch mit Nougatfüllung). Dafür 1/2 l Milch mit 1 Zweig Thymian langsam erhitzen, 1/2 Tafel Schokolade darin auflösen, eventuell mit Zucker nachsüßen. Je 1 Zweig Thymian in 2 große Tassen oder Becher geben, die heiße Schokolade darüber gießen. Auch hier kann eine Sahnehaube nie schaden!

süß | belebend

Orangenpunsch

FÜR 2 PERSONEN

➤ 2 EL starker aromatischer schwarzer loser Tee (z. B. Orange Pekoe)

3 unbehandelte Orangen

2 Gewürznelken

1 Sternanis

2 EL Zucker

2 Kandisstangen zum Umrühren

🕓 Zubereitung: 15 Min.
➤ Pro Portion: ca. 110 kcal

1 | Die Teeblätter mit 350 ml kochendem Wasser übergießen und 5 Min. ziehen lassen. 1 Orange heiß waschen, die Schale mit einem scharfen Messer oder einem Sparschäler ganz dünn spiralförmig abschälen. Die Spirale halbieren und in zwei große Punschgläser geben.

2 | Die Früchte auspressen und den Saft mit den Nelken, dem Sternanis und dem Zucker bis knapp vor dem Siedepunkt erhitzen. 5 Min. bei schwacher Hitze ziehen, aber nicht kochen lassen.

3 | Den Tee und den gewürzten Orangensaft durch ein Sieb über die Orangenschalen abgießen. Mit den Kandiszuckerstäben sofort heiß servieren.

süß | entspannend

Holunderpunsch

FÜR 2 PERSONEN

➤ 250 ml Holundersaft (aus dem Reformhaus)

250 ml naturtrüber Apfelsaft

2 EL Birnendicksaft (ersatzweise Honig)

1 Stück Zimtrinde (etwa 5 cm)

3 Gewürznelken

1 Stück Schale einer unbehandelten Orange

1/2 Vanilleschote

1 EL Honig

🕓 Zubereitung: 15 Min.
➤ Pro Portion: ca. 180 kcal

1 | Den Holundersaft mit dem Apfelsaft in einem kleinen hohen Topf vermischen. Den Birnendicksaft unterrühren und die Zimtrinde,

die Gewürznelken und die Orangenschale dazugeben.

2 | Die Vanilleschote längs aufschlitzen, das Mark herauskratzen und bei Es in den Saft geben. Einmal aufkochen und zugedeckt 5 Min. ziehen lassen.

3 | Durch ein Sieb in zwei große Punschgläser füllen und sofort heiß servieren.

cremig | sanft

Eierpunsch free

FÜR 2 PERSONEN

➤ 2 EL loser aromatischer schwarzer Tee
  1 Orange
  2 Eidotter
  2 EL Zucker
  1 Päckchen Vanillezucker

🕐 Zubereitung: 20 Min.
➤ Pro Portion: ca. 135 kcal

1 | Den Tee mit 350 ml kochendem Wasser aufgießen und 10 Min. ziehen lassen. Die Orange auspressen. Die Eigelbe mit dem Zucker und dem Vanillezucker im heißen Wasserbad mit dem Schneebesen unter ständigem Schlagen schaumig rühren.

2 | Den Orangensaft dazugeben und weiter schlagen, bis das Gemisch schaumig ist.

3 | Nach und nach den Tee unterschlagen und fast kochend in vorgewärmten großen Punschgläsern servieren.

süß | säuerlich

Glühapfel

FÜR 2 PERSONEN

➤ 1 säuerlicher Apfel
  400 ml Apfelsaft
  2 EL Rosinen
  1 EL Zucker
  3 Gewürznelken
  1 Stück Zimtrinde (etwa 5 cm)
  1 Zitrone

🕐 Zubereitung: 15 Min.
➤ Pro Portion: ca. 200 kcal

1 | Den Apfel schälen, das Kerngehäuse entfernen und das Fruchtfleisch in kleine Würfel schneiden.

2 | Mit dem Apfelsaft, den Rosinen, Zucker, Gewürznelken und Zimtrinde in einen Topf geben, einmal aufkochen und bei schwacher Hitze 5 Min. ziehen lassen.

3 | Die Nelken und die Zimtrinde entfernen und mit dem Pürierstab grob pürieren, so dass noch einige Apfelstücke erhalten bleiben. Die Zitrone auspressen, den Saft einrühren und in zwei hohe Punschgläser füllen.

belebend | aromatisch

Kokos-Kaffee

FÜR 2 PERSONEN

➤ 2 EL Kokossirup
  400 ml starker heißer frisch aufgebrühter Kaffee
  2 EL brauner Zucker
  100 g Sahne
  2 TL Kokosflocken
  1/2 TL gemahlener Zimt

🕐 Zubereitung: 10 Min.
➤ Pro Portion: ca. 240 kcal

1 | Den Kokossirup in den Kaffee rühren und nach Geschmack mit Zucker süßen. In zwei große Gläser füllen.

2 | Die Sahne steif schlagen und – nach Belieben mit der Sterntülle des Spritzbeutels – darauf setzen.

3 | Die Kokosflocken mit dem Zimt vermischen und auf die Sahne streuen. Sofort heiß servieren.

TIPP Vor dem Einfüllen die Glasränder mit einem Rand aus Puderzucker und Zimt verzieren.

vitalisierend | fruchtig

Hagebutten-punsch

FÜR 2 PERSONEN

➤ 2 Gewürznelken
2 Beutel Hagebuttentee
100 g Himbeeren (TK)
100 ml schwarzer Johannisbeersaft
2 TL Zucker
2 Prisen Zimtpulver
2 Zimtstangen

🕐 Zubereitung: 15 Min.
➤ Pro Portion: ca. 50 kcal

1 | 300 ml Wasser mit den Gewürznelken zum Kochen bringen, die Teebeutel hineingeben und 5 Min. ziehen lassen.

2 | Nelken und Teebeutel herausnehmen, die Himbeeren dazugeben, vorsichtig erhitzen, bis sie aufgetaut sind und pürieren. Den Johannisbeersaft dazugießen und bis knapp vor dem Siedepunkt erhitzen. Mit dem Zucker abschmecken.

3 | In zwei große Punschgläser füllen, mit Zimtpulver bestreuen und die Zimtstangen zur Dekoration hineinstecken.

macht | munter fruchtig

Orangen-Kaffee

FÜR 2 PERSONEN

➤ 1 unbehandelte Orange
6 Gewürznelken
3 EL brauner Zucker
300 ml starker heißer Kaffee
100 g Sahne

🕐 Zubereitung: 15 Min.
➤ Pro Portion: ca. 215 kcal

1 | Die Orange heiß abwaschen, trockenreiben und 1 TL Schale abraspeln. Aus der Mitte 2 dicke Scheiben herausschneiden. Die restlichen Fruchthälften auspressen.

2 | Die Orangenscheiben mit den Nelken spicken und mit dem Zucker in einen kleinen hohen Topf geben. Erhitzen, bis der Zucker zu schmelzen beginnt, dann mit dem Orangensaft aufgießen. 3 Min. einkochen lassen, bis die Flüssigkeit etwas eingedickt ist. Mit dem Kaffee auffüllen und in 2 Punschgläser geben.

3 | Die Sahne steif schlagen, auf die Kaffees setzen und mit Orangenschale bestreut sofort servieren.

TIPP

Kaffee aromatisieren

Er lässt sich sehr leicht immer wieder anders aromatisieren. Entweder fügt man Gewürze wie Zimt, Kardamon oder Nelken hinzu oder wandelt den Geschmack durch einen Schuss Sirup z. B. mit Karamellgeschmack ab.

Glossar

Ananas und Kiwi: Sind hervorragende Vitamin C-Quellen, besonders in den trüben Herbst- und Wintermonaten. Aber Vorsicht: Ananas enthält das eiweißspaltende Enzym Bromelin, was gut für die Verdauung ist, aber Milchprodukte bitter werden lässt.

Aprikosen: Ihr hoher Gehalt an Kalium, Kieselsäure, B-Vitaminen und Beta-Karotin gibt Rundum-Power. Auch sie gelten als Schönheits-Elixier.

Avocado: Sie hat einen hohen natürlichen Gehalt an mehrfach ungesättigten Fettsäuren. Außerdem ist Biotin reichlich enthalten, das die Bereitstellung von Energie in den Muskeln regelt. Biotin ist auch gut für den Eiweißstoffwechsel und festigt Haut, Haare und Nägel. Daher gilt die Avocado auch als Schönheits-Frucht.

Bananen: Sind super Energiespender und machen jeden Drink schön cremig. Die meisten Menschen fühlen sich nach dem Genuss von Bananen einfach wohl, weil sie viel beruhigendes Vitamin B6 enthalten. Kühl, aber nicht im Kühlschrank aufbewahren.

Beerenobst: Die roten Beeren enthalten vor allem Beta-Karotin, B-Vitamine und Vitamin C. Dazu kommt ein hoher Kalium- und Kalzium-Gehalt. Eine Vielzahl an Flavonoiden und Phenolsäuren machen sie zur Gesundheitspolizei in unserem Körper. Dunkle Beeren enthalten auch Anthozyane als wirksamen Schutz vor Zellzerstörung.

Birnen und Äpfel: Sind leicht verdaulich. Ungeschält fördern sie durch ihre Ballaststoffe die Darmperistaltik. Reife Früchte dürfen nicht mehr ganz hart sein, aber keine Druckstellen haben. Achten Sie auf eine unversehrte Schale. Im Gemüsefach des Kühlschranks 5–6 Tage haltbar.

Curry, Kardamom, Piment: Diese Gewürze bringen Ihnen die Düfte des Orients ins Haus. Sparsam verwendet wecken sie die Lebensgeister und machen gute Laune.

Gurken: Müssen nicht immer nur in den Salat. Wegen ihres hohen Wassergehalts, der sie auch kalorienarm macht, eignen sie sich gut zum Pürieren. Ihr relativ neutraler Geschmack verträgt sich auch gut mit Obst, zum Beispiel mit Melonen.

Ingwer: Die Knollenwurzel aus den Tropen wirkt antiseptisch und ist auch gut für Kreislauf und Verdauung. Frischer Ingwer hat eine glatte, pralle Haut und hält sich 2–3 Wochen im Gemüsefach des Kühlschranks. Süße Früchte bekommen eine pikante Note, wenn Sie sie mit einem haselnussgroßen Stück geriebenem Ingwer würzen.

Kirschen: Am wertvollsten im Frühsommer, wenn die Früchte richtig dunkelrot sind. Kalium, Kalzium, Eisen, Magnesium, Phosphor und Kieselsäure zusammen mit B-Vitaminen, Karotin und Vitamin C machen sie zu Gesundheits-Bomben.

Kräuter: Petersilie, Schnittlauch oder Thymian machen sich gut in Gemüsedrinks. Sie liefern nicht nur Aroma, sondern auch Mineralstoffe und ätherische Öle, die das Immunsystem stärken. Minzestängel sehen – im Ganzen ins Glas gesteckt – nicht nur gut aus, sie schenken Ihren Drinks auch Aroma.

Mango und Papaya: Die „Exoten" unter den Früchten – mittlerweile aber auch bei uns beinahe überall und das ganze Jahr über zu bekommen. Sie enthalten jede Menge Beta-Karotin, Vitamine, Mineralstoffe und Enzyme.

Melonen: Die Wassermelone ist mit 95% Wassergehalt schon fast ein Drink für sich alleine. Idealer Durstlöscher im Sommer bei hohem Vitamin C-Gehalt. Ihre süßen Verwandten: Zucker-, Honig-, Cantaloupe- und Ogenmelone eignen sich herrlich zum Pürieren. Portionsweise für eiskalte Drinks einfrieren! Eine reife Melone klingt beim Klopfen auf die Schale hohl.

Nelken: Ihr süßes, lang anhaltendes Aroma würzt Punschgetränke und macht an kalten Winterabenden wohlig warm. Licht- und luftdicht aufbewahrt zwei Jahre haltbar.

Nüsse: Haselnüssen werden auch aphrodisierende Kräfte nachgesagt. Fein gemahlen können sie in Drinks gemixt oder zum Bestreuen verwendet werden.

Pfirsich und Nektarine: Sie sollen nicht zu fest sein und angenehm duften. Darauf achten, dass sie keine Druckstellen haben und nicht übereinander lagern! Versuchen Sie im Hochsommer die weißen Pfirsiche – sie sind auch als Drink ein sinnliches Erlebnis.

Sesamsaat: Enthält ungesättigte Fettsäuren und wird gegen Arteriosklerose, Bluthochdruck oder Diabetes empfohlen. Am besten ungeschälte oder geröstete Samen kaufen, sie haben den höheren Nährwert. Luftdicht verschlossen aufbewahren.

Sirupe: Machen Ihre Drinks süß und aromatisch. Sie brauchen pro Portion nur einen Esslöffel. Mittlerweile gibt es sie in kleinen Fläschchen in gut sortierten Supermärkten. Am besten, Sie beginnen mit ein bis zwei Sirupen als Grundausstattung (zum Beispiel Bananen- und Maracujasirup) und wenn Sie Spaß an der Sache bekommen, sind Ihrer Fantasie kaum Grenzen gesetzt. Beinahe jedes Aroma ist auch als Sirup erhältlich.

Tabasco, Worcestersauce: Beides sind altbekannte Flüssigwürzen aus der Profi-Cocktailbar. Worcestersauce wird aus unzähligen Gewürzen zusammengebraut und reift drei Jahre lang in Holzfässern. Beide Saucen nur tropfenweise verwenden.

Tomaten: Sie können frische – aber gehäutete – Tomaten zu Drinks verarbeiten, besser aber Sie verwenden (ausnahmsweise) fertigen Saft. Lycopin, der Farbstoff, der die Tomaten rot färbt und uns vor Krebs schützt, entwickelt seine Wirkung erst nach dem Erhitzen.

Weintrauben: Sind reich an Glukose und deshalb ein idealer Muntermacher bei geistiger oder körperlicher Belastung. Am besten schmecken sie zur Haupterntezeit im Oktober – super für eine Traubenkur. Sie enthalten viel Folsäure und Eisen.

Zitrusfrüchte: Sauer macht nicht nur lustig, sondern auch fit. Neben dem bekannten Vitamin C enthalten sie auch Terpenen, das als krebshemmend gilt. Rosa Grapefruits enthalten außerdem Lykopin, das auch den Tomatensaft zum Antikrebs-Getränk Nummer 1 macht.

Die Autorin

Doris Muliar, gebürtige Salzburgerin, lebt und arbeitet schon lange in Köln. Nachdem sie als Journalistin und in der Filmbranche erfolgreich tätig war, machte sie aus ihrer Freude am Kochen und Gäste bewirten einen Beruf. Seitdem hat sie zahlreiche Bücher zu den Themen fettarme Ernährung, Gesundheit und Fitness geschrieben.

Der Fotograf

Kai Mewes ist selbstständiger Food-Fotograf in München und arbeitet für Verlage und Werbung. Sein Studio mit Versuchsküche befindet sich in der Nähe des Vikualienmarktes. Die stimmungsvollen Bilder sind Ausdruck seiner Hingabe, Fotografie und kulinarischen Genuss zu verbinden. Das Foodstyling gestalteten Akos Neuberger und Daniel Petri.

GRÄFE
UND
UNZER

Ein Unternehmen der
GANSKE VERLAGSGRUPPE

Bildnachweis

FoodPhotographie Eising, Martina Görlach: Titelfoto
Stockfood: S. 6 oben, unten Mitte und rechts; S. 7
Teubner: S. 6 unten links
Alle anderen: Kai Mewes, München

Redaktionsleitung:
Birgit Rademacker
Redaktion:
Stefanie Poziombka
Lektorat: Bettina Bartz
Korrektorat: Hildegard Toma
Layout, Typografie und Umschlaggestaltung:
Independent Medien Design, München
Satz: Design-Typo-Print, Ismaning
Herstellung:
Maike Harmeier
Reproduktion und Druck:
Appl, Wemding
Bindung:
Sellier, Freising

ISBN 3-7742-4908-3

Auflage   5.
Jahr   2006   05

Das Original mit Garantie

Ihre Meinung ist uns wichtig. Deshalb möchten wir Ihre Kritik, gerne aber auch Ihr Lob erfahren. Um als führender Ratgeberverlag für Sie noch besser zu werden. Darum: Schreiben Sie uns! Wir freuen uns auf Ihre Post und wünschen Ihnen viel Spaß mit Ihrem GU-Ratgeber.

Unsere Garantie: Sollte ein GU-Ratgeber einmal einen Fehler enthalten, schicken Sie uns das Buch mit einem kleinen Hinweis und der Quittung innerhalb von sechs Monaten nach dem Kauf zurück. Wir tauschen Ihnen den GU-Ratgeber gegen einen anderen zum gleichen oder ähnlichen Thema um.

Ihr GRÄFE UND UNZER VERLAG
Redaktion Kochen
Postfach 86 03 25
81630 München
Fax: 089/41981-113
e-mail: leserservice@ graefe-und-unzer.de

VORRAT FÜR ALLE FÄLLE

➤ Der kluge Mixer baut vor und ist gewappnet, falls Gäste überfallartig kommen oder sich die Lust auf fruchtige Drinks spontan meldet. Folgendes hat er immer auf Lager: Reichlich Eiswürfel, verschiedene TK-Früchte (einzeln oder auch als Beerenmischung), die Lieblingssäfte und H-Milch. Mit diesem Basis-Vorrat kann dann nichts mehr schiefgehen.

Geling-Garantie für Milchshakes bis Bowlen

FRISCHE UND QUALITÄT DER ZUTATEN

➤ Unsere Drinks gelingen einfach perfekt, wenn Sie sich schon beim Einkauf für erstklassige Zutaten entscheiden. Kaufen Sie nur einwandfreies, reifes Obst und Gemüse. Vor allem Früchte müssen weich genug sein, damit sie sich leicht pürieren lassen.

SCHNELLE DEKO LEICHT GEMACHT

➤ Die allerschnellste Deko entsteht quasi nebenbei: Einfach etwas von den Früchten oder dem Gemüse, die Sie sowieso für den Drink vorbereiten, beiseite legen, danach einschneiden und an den Rand der Gläser stecken. Oder bei pikanten Drinks passende Kräuter, als Stängel oder klein gehackt, hineinstecken oder darüber streuen.

DER RICHTIGE TEE

➤ Bei Mixgetränken auf Teebasis sollten Sie sich unbedingt für einen aromatischen schwarzen losen Tee entscheiden. Gut eignen sich beispielsweise Assam, Nilgiri, Orange Pekoe oder Ceylontees.

GU KÜCHENRATGEBER

Neue Rezepte für den großen Kochspaß

ISBN 3-7742-4905-9

ISBN 3-7742-4906-7

ISBN 3-7742-4891-5

ISBN 3-7742-4882-6

ISBN 3-7742-4880-X

ISBN 3-7742-4907-5

64 Seiten, 7,50 € [D]

Das macht die GU Küchenratgeber zu etwas Besonderem:

➤ *Rezepte mit maximal 10 Hauptzutaten*
➤ *Blitzrezepte in jedem Kapitel*
➤ *alle Rezepte getestet*
➤ *Geling-Garantie durch die 10 GU-Erfolgstipps*

Willkommen im Leben.